Introduzione

La Ruota di bicicletta è una delle opere più celebri di Duchamp. Osservandola, si rimane particolarmente sorpresi: è forte la sensazione di spaesamento. L'artista ha posto su un piedistallo una banale ruota di bicicletta, trasformando un oggetto comune in un oggetto di contemplazione estetica. Con quest'opera, Duchamp rivoluziona il concetto stesso di opera d'arte. Ad essere importante non è più l'esecuzione materiale dell'opera, ma il processo creativo dell'artista. La scelta, di Duchamp, di estrapolare un oggetto dal suo contesto abituale, crea un nuovo modo di pensare a quell'oggetto, indipendente dagli scopi per cui esso è nato. Con la poliedrica attività di Duchamp, l'arte si trasforma definitivamente da atto materiale in atto mentale, aprendo la strada ai diversi movimenti di ispirazione concettuale sorti dopo la seconda guerra mondiale. Questi, insieme a tanti altri, sono i motivi che rendono Marcel Duchamp un rivoluzionario e che lo collocano in un posto decisivo nella storia dell'arte occidentale.

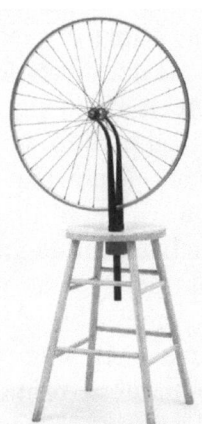

Duchamp, Ruota di bicicletta.

Nudo che scende le scale n.2

Marcel Duchamp è indubbiamente uno dei grandi artisti del ventesimo secolo. Protagonista di una grande rivoluzione linguistica e culturale. Artista francese, comincia con la pittura e accetta la lezione, iniziale, sia del Cubismo che del Futurismo. Nel Nudo che scende le scale è evidente il doppio influsso della scomposizione Picassiana delle forme e anche la rappresentazione del movimento e della velocità. Duchamp, dunque, è un artista di stampo europeo che accetta e assorbe, nella mentalità delle Avanguardie storiche, tutte le scoperte che provengono dalla scienza e dal progresso tecnologico. Dunque la scomposizione ci ricorda Einstein, mentre la velocità è frutto di un avanzamento tecnologico della macchina che muove la città moderna. Quest'opera è quindi figlia di un'influenza franco-spagnola-italiana: francese in quanto tutte le Avanguardie storiche operano nella Ville Lumiére. Duchamp ha visto anche un artista che si chiama Giacomo Balla, prima di realizzare il Nudo che scende le scale. Quest'opera ci permette di riconoscere a Duchamp di aver completamente saldato il debito con i due grandi movimenti del Cubismo e del Futurismo. Quest'opera è l'opera di chiusura prima di arrivare a Duchamp protagonista del movimento più radicale del XX secolo, delle Avanguardie storiche, che è il Dadaismo. Difatti Duchamp aveva dichiarato "perché oggi, che ci sono le bombe (prima guerra mondiale), oggi che la guerra si combatte a distanza, non c'è più il corpo a corpo con la baionetta tra soldati, perché ancora la pittura a cavalletto?". Ecco, con quest'opera Duchamp salda il conto e si sposta nella direzione che ci permette di riprendere l'affermazione di un artista che viene molto lontano e che è morto tra le braccia di Francesco I a Parigi. Si tratta di Leonardo da Vinci che disse "La pittura è cosa mentale". Duchamp presentò il dipinto alla ventottesima esposizione della *Société des Artistes Indépendants* parigina, tenuta dal 25 marzo al 16 maggio 1912, per esibirsi assieme agli altri pittori cubisti partecipanti. Il titolo dell'opera, che avrebbe dovuto essere *Nu descendant l'escalier*, fu menzionato per la prima volta nel catalogo della mostra dove il dipinto appare sotto il numero 1001. Nonostante ciò, l'opera non fu esibita durante tale mostra. Duchamp affermò riguardo quest'opera "Il mio scopo era raffigurare una rappresentazione statica del movimento, una composizione statica di indicazioni di varie posizioni prese da una forma in movimento, senza alcun tentativo di creare effetti cinematografici attraverso la pittura. La riduzione di una testa in movimento a una linea essenziale mi sembrava difendibile.". Si tratta di un dipinto verticale che raffigura una figura ocra e marrone ripresa nell'atto di compiere un movimento astratto. Le "parti del corpo" discernibili della figura sono composte da elementi astratti annidati, conici e cilindrici assemblati insieme in modo da suggerire un senso di ritmo e trasmettere il senso di movimento della figura che sembra fondersi in se stessa.

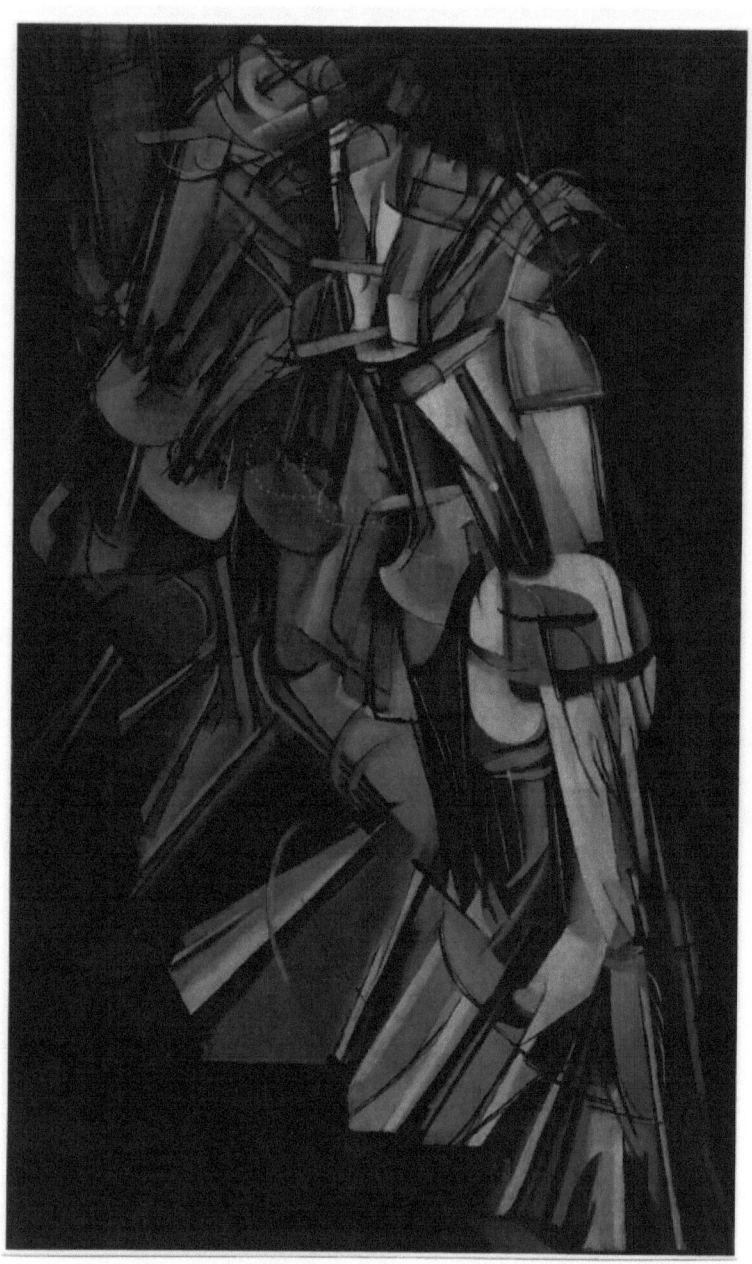

Duchamp, Nudo che scende le scale n.2, 1912,
Museo d'arte di Philadelphia.

Duchamp, il provocatore

Marcel Duchamp nasce in Normandia nel 1887. In famiglia, respira un clima culturale aperto all'arte e alla musica e come alcuni dei suoi fratelli matura una precoce vocazione artistica. Nel 1904, a 17 anni, raggiunge i fratelli maggiori a Parigi. Di spirito irrequieto e curioso, inizia a studiare pittura, ma presto si mostra più interessato ad altre esperienze: lavora come vignettista, frequenta circoli artistici all'avanguardia e si interessa di teatro e di scacchi. Influenzato soprattutto dal Cubismo, se ne allontana a partire dal 1912, quando dipinge Nudo che scende le scale n.2. L'opera, vicina, per la resa del movimento, alle ricerche futuriste, scandalizza l'ambiente cubista parigino, tanto da essere ritirata dal Salon. A partire da questa data comincia a concepire opere che travalicano i tradizionali limiti di pittura e scultura. Nel 1915 si trasferisce a New York e stringe una profonda amicizia con il fotografo Man Ray. Consacra i suoi primi anni americani al Grande Vetro: un colossale progetto su vetro, ricco di riferimenti alchemici iniziato in Francia e continuato fino al 1923, anno in cui dichiara l'opera incompiuta e in cui abbandona definitivamente la pittura. Nello stesso periodo, espone in pubblico anche i primi Ready Made. Si tratta di oggetti comuni e quotidiani, che vengono provocatoriamente presentati come opere d'arte. Nei decenni successivi, pur continuando la sua personalissima ricerca artistica, spesso attraverso il suo Alter Ego femminile, si concentra per lunghi periodi, soprattutto, sugli scacchi. Alla sua morte, i critici scoprono l'esistenza di Etant Donnes, opera che chiude idealmente l'originale percorso che ha portato Duchamp a rivoluzionare per sempre il concetto di arte.

Ruota di bicicletta

Il Dadaismo è un movimento autenticamente cosmopolita. È frutto di una leadership poetica, dovuta a Tristan Tzara, poeta rumeno che va a vivere a Parigi. È anche frutto di una serie di artisti tra i quali, senz'altro, Duchamp, che rappresenta l'esempio più alto e radicale. Tutti si sono chiesti il significato della parola Dada o tutti si sono chiesti cosa fosse il Dadaismo. Pare che sia la citazione di un termine usato dalle lingue slave ed indica un atteggiamento affermativo dell'arte verso la vita. Il Dadaismo, dunque, non vuole significare qualcosa di specifico, non vuole essere come il Futurismo che indica, a sua volta, la passione per il futuro e per la macchina progressiva. Non vuole, come il Cubismo, indicare la scienza nuova con la scomposizione geometrica delle forme. Al contrario, il Dadaismo vuole essere un'affermazione tautologica: l'arte per l'arte, l'arte che non ha bisogno di copyright, l'arte che prende anche da altri linguaggi, fino ad impadronirsi dell'oggetto. Ecco, dunque, il Ready Made, il bello è fatto in cui l'artista vive in un panorama ormai industriale, in cui la produzione e la riproduzione dell'oggetto è sistematica. L'artista vive in una società dove l'industria produce oggetti di tutti i generi. Allora l'artista si chiede "Perché dover dipingere un oggetto o fabbricare una scultura quando intorno ho tanti oggetti già prefabbricati? Perché non fare un uso mentale dell'oggetto? Perché non ricordarsi dell'affermazione di Leonardo da Vinci che sosteneva che l'arte è cosa mentale?". Ecco l'artista è quel soggetto che utilizza l'oggetto quotidiano, si gira intorno e recupera dal panorama che lo circonda, un oggetto sottratto all'ambiente in cui esso stesso è stato prodotto. Dunque vi è uno spaesamento. È un procedimento che proviene anche dalla cultura greca, quella classica. Nel mondo classico lo spaesamento era quel procedimento usato dall'artista per produrre un'immagine che non fosse una realtà già preesistente. Allora Duchamp si accorge che prendendo un oggetto e sottraendolo al suo uso abituale, avrebbe creato una metafisica dello sguardo, una sorpresa per la mente ed avrebbe indicato la nascita di una nuova forma attraverso il gesto creativo. Tutto questo è la Ruota di bicicletta di Marcel Duchamp, è la ruota che l'artista sottrae alla macchina cinetica, che è la bicicletta, e la mette a sedere o, in qualche modo, a riposo su uno sgabello. Che cosa succede? Succede che l'occhio dello spettatore si trova di fronte alla perfezione circolare dell'oggetto. Qui l'ammirazione nasce dal fatto che noi guardiamo un oggetto, non di lato, non funzionale, non utile alla velocità, ma solo come una sorta di offerta per lo sguardo e per la contemplazione. L'oggetto qui viene assunto per la sua perfezione formale. Ecco, dunque, l'oggetto bello e fatto, ecco il Ready Made, ecco un'opera dove non vi è alcuna manualità, ecco il trasferimento, nell'arte contemporanea, su quello che è il versante concettuale. Le tecniche accademiche vengono annullate e viene favorito l'atto mentale dell'artista che crea e dello spettatore che contempla una nuova opera d'arte sottratta alla realtà. Duchamp non ha più l'Horror Vacui della tela bianca, intorno a sé ha oggetti già realizzati, prodotti. Quello che c'è da fare è applicare la strategia dello spaesamento con lo spostamento dell'oggetto dal suo versante quotidiano, dal suo luogo di appartenenza, per assumere, sotto il nostro sguardo, una nuova identità, quell'identità che ci permette di capire la differenza tra arte e oggetto quotidiano.

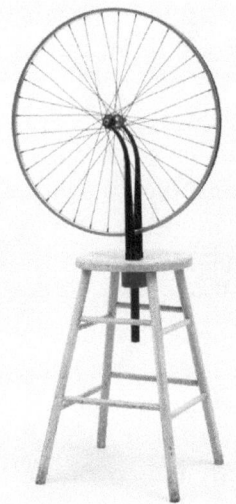

Duchamp, Ruota di bicicletta, 1915, Museo d'arte moderna, New York.

Il Dadaismo

Il 5 febbraio del 1916, il poliedrico scrittore e filosofo Hugo Ball, inaugura a Zurigo il Cabaret Voltaire: una sorta di caffè letterario che diventa punto di rincontro per artisti ed intellettuali fuggiti in Svizzera a causa della guerra. L'evento sancisce la nascita ufficiale del Dada, un movimento nato senza un programma predefinito, come un'anarchica ribellione verso qualsiasi forma d'arte tradizionale e all'insegna della più assoluta libertà creativa. Accomunati dallo sdegno per le barbarie della guerra e da un profondo disprezzo per la cultura ottocentesca, i giovani animatori del circolo si scagliano contro tutti i valori estetici consolidati. Nasce così un'arte ironica e giocosa che rifiuta la logica e accetta le leggi del caso. Negli stessi anni, Marcel Duchamp disorienta il pubblico Statunitense con i suoi primi e dissacranti Ready Made. Con il suo Orinatoio nasce il Dada Newyorkese, in cui confluisce presto l'americano Man Ray, creatore dei Rayographs: originali sperimentazioni fotografiche che aprono la strada a nuovi modi di vedere. Dopo il 1918, anche in Germania nasce un movimento Dada, caratterizzato da un forte impegno politico e da un radicale movimento dei mezzi espressivi. Negli anni '20, la contemporanea presenza a Parigi di Picabia e di Tzara, unisce intimamente il movimento Newyorkese e svizzero e consolida il Dada parigino, a cui parteciperanno molti dei letterati che, nel 1924, pubblicheranno il manifesto del Surrealismo.

L'arte dadaista è giocosa, ironica e creativa. Il suo scopo è quello di produrre un effetto di sorpresa, di disappunto o di rifiuto da parte dello spettatore; in questo modo egli sarà portato a riflettere sul significato dell'arte nel mondo contemporaneo e sulle sue convenzioni, spesso vuote.

Il Dadaismo fu la più radicale delle Avanguardie storiche: si schierò contro la guerra e la cultura occidentale ma anche contro le Avanguardie artistiche che l'avevano preceduto, accusate di non aver saputo rompere del tutto i legami con l'arte del passato. Il nome stesso DaDa non significa niente: è solo un suono. I giovani artisti opponevano alle produzioni esistenti una loro "antiarte", in parte riutilizzando tecniche già sperimentate, come la performance, gli assemblaggi polimaterici, il fotomontaggio, la scultura di dimensione ambientale. Ritenevano che tutto dovesse ruotare attorno a un'idea centrale: quella del caso. Gli artisti non proponevano verità nuove, ma si impegnavano a dichiarare l'assurdità del presente. Gli assemblaggi polimaterici, realizzati anche con materiali di scarto, sono tipici del Dadaismo. Il movimento fu caratterizzato dallo spirito di rivolta e di critica alle istituzioni: esso contribuì a mutare definitivamente la concezione estetica e lo stesso ruolo dell'artista. Il Dadaismo si esaurì nel 1923, per far posto al Surrealismo.

Fontana

Duchamp si accorge di aver, in qualche modo, miracolato l'oggetto e di averlo sottratto alla banalità del quotidiano. Duchamp si accorge di aver posto l'oggetto sotto i riflettori della contemplazione collettiva che avviene in una galleria o in un museo. Questo spostamento produce la nascita di una nuova identità: l'oggetto cambia natura. Ecco, dunque, il famoso orinatoio che Duchamp prende da un deposito di un'industria che si chiama "Mutt", nome del proprietario e del produttore dei sanitari. Lo firma con quel nome, mette la data 1917 e lo presenta a un concorso senza dire che l'opera è sua. Naturalmente questa viene rifiutata ma lui non fa una piega, però ha creato uno shock estetico in quanto ha dimostrato come quest'oggetto abbia ormai assunto un'altra identità. L'arte produce una metamorfosi, l'arte fonda una nuova identità dell'oggetto. L'orinatoio trova un titolo che ne rifonda la funzione. Duchamp lo chiama Fontana e d'altra parte si capisce l'inversione. Se l'oggetto sanitario, l'orinatoio, serve per raccogliere il liquido dell'urina, la fontana è, invece, una struttura ornamentale che espelle il liquido e quindi Duchamp dimostra, anche mentalmente, con il titolo, come l'oggetto quotidiano trova un'inversione di rotta. È proprio questo il lato anarchico del Dadaismo, è proprio questo il lato che suscita, nello spettatore, un fertile disorientamento: l'oggetto quotidiano assume una valenza assolutamente inaspettata. L'oggetto bello e fatto, il Ready Made, si rivolta contro quello che è il sistema della sua produzione industriale e del suo consumo quotidiano. Vi è come la nascita di un nuovo universo in cui gli oggetti ribelli producono un senso nuovo e sviluppano anche la capacità di poter essere visti, in maniera inerte, come oggetti assolutamente inconsapevoli e nello stesso tempo come oggetti che producono una titolazione che introduce inquietudine. L'inquietudine dadaista non è come quella dell'Espressionismo che nasce dalla risposta che l'artista sviluppa verso un mondo ormai numerato e standardizzato, in cui l'artista si rifugia nell'iconografia primitiva per recuperare una sua innocenza. Nel Surrealismo, invece, l'artista cerca di sottrarre all'inconscio la propria forza e riprodurla nell'atto creativo dell'arte. Tutto ciò è diverso dal Dadaismo, in quanto questo è una formazione anarchica della creazione e rappresenta l'idea che l'arte sviluppa un nuovo senso in un mondo che non ha più senso.

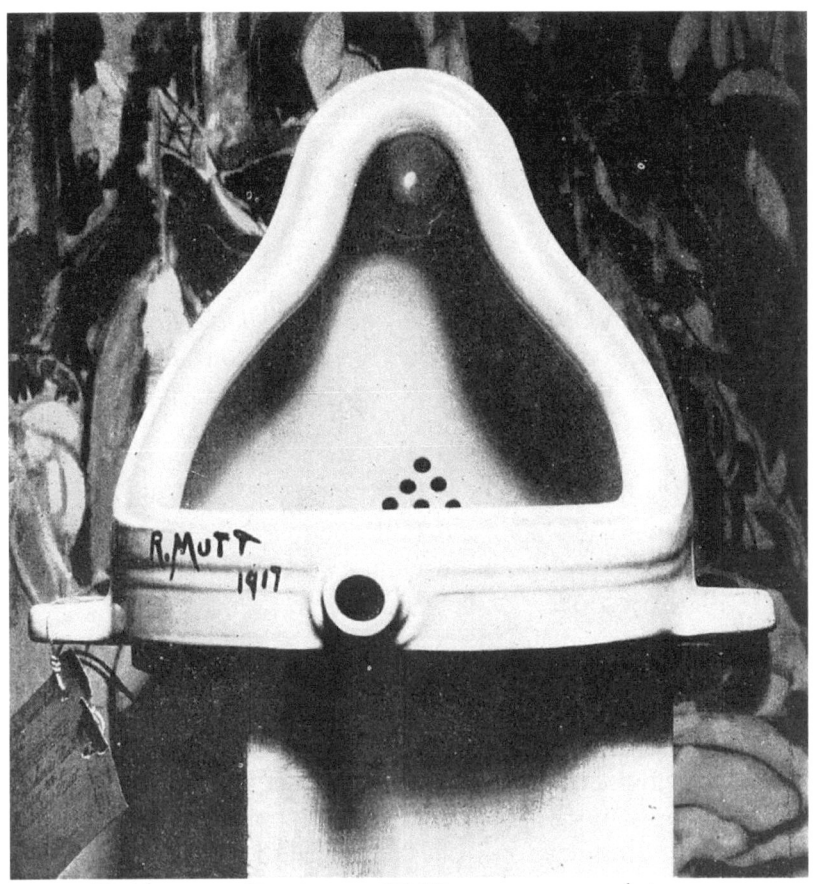

Duchamp, Fontana, 1917, opera perduta, copia al Centre Pompidou, Parigi.

Il Grande Vetro

Il Ready Made è un allargamento dell'ottica creativa dell'artista contemporaneo. È il passaggio a un deposito armamentario di nuovi materiali ma in ogni caso è sempre la conferma che l'arte è linguaggio. Per questo Duchamp non passa all'anti-pittura è sviluppa un'opera che è una lunga gestazione, come il Grande Vetro. *La Maria messa a nudo dai suoi scapoli, anche,* questo è il titolo del Grande Vetro. Voi potete vedere che c'è una rottura all'interno, dovuta al fatto che il grande vetro fu portato a una esposizione e subì un incidente, cadde. Duchamp fu chiamato al capezzale dell'opera e lui disse "va bene così", riconoscendo un elemento di partecipazione alla creazione, seppure postumo, nell'incidente. Questa idea del caso intelligente si può ricavare anche da questo comportamento di Duchamp, è un atteggiamento quasi orientale di apertura, è un atteggiamento di chi dà al tempo un significato che non è consequenziale, come una trama di attimi che si succedono, ma dà l'idea che il tempo abbia una struttura circolare. Allora, l'idea del tempo della rottura del Grande Vetro che è ormai incarnata dell'opera, dà l'idea, appunto, di un'opera sottratta al tempo lineare di marca occidentale. La trasparenza del Grande Vetro indica un altro elemento molto importante. Mentre prima con la tela la visione dell'artista avveniva, e anche per lo spettatore, tutto sulla superficie, attraverso la trasparenza c'è lo sfondamento dello sguardo e l'idea dell'assottigliamento della linea di confine di quello che è il linguaggio dell'arte. C'è anche l'appropriazione sia dell'artista sia dello spettatore, di tutto ciò che cova dietro all'opera, a seconda dove questa viene collocata. Ecco, ancora una volta, l'idea del Dada, di questa parola senza significato, ed ecco anche l'accettazione del caso. Vi è l'idea che l'arte contemporanea produce un tempo nuovo, imprevisto. L'arte contemporanea non è l'iconografia di una realtà assolutamente garantita, bensì è l'apertura verso nuove frontiere. Oltretutto, diciamo, contiene all'interno dei segreti e dei significati alchemici, proprio perché, appunto, la Marie sarebbe la Vergine Maria messa a nudo dai suoi scapoli, dai suoi pretendenti. C'è sempre l'idea, in questo caso, della messa a nudo dell'opera d'arte, dunque c'è sempre la trasparenza. Non c'è più una superficie velata, non c'è il pudore della bidimensionalità pittorica ma vi è uno sfondamento dello sguardo, vi è la tridimensionalità, vi è un'apertura che dà continuità e crea una relazione tra arte e vita. Tutto ciò è perché il Dadaismo, come movimento, è quello più radicale nelle avanguardie storiche e vuole creare una continuità tra azione e comportamento, tra il vissuto e il linguaggio. Dunque, Duchamp ancora una volta esalta, forse da paradossale Cartesiano, l'idea che l'arte è cosa mentale e che il comportamento dell'artista entra a far parte della sacralità dell'opera d'arte.

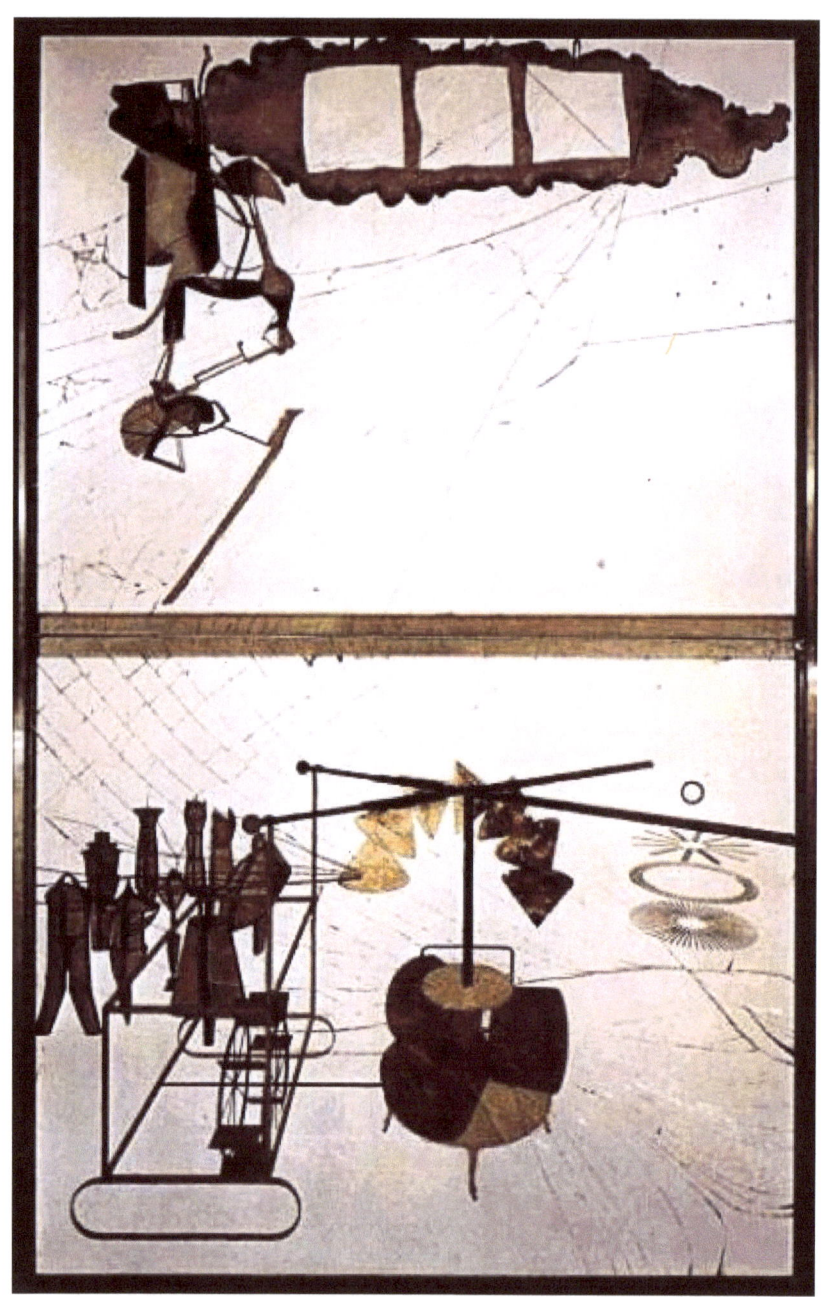

Duchamp, Grande Vetro, 1915-1923, Museo
d'arte di Philadelphia.

Contesto storico del Novecento

L'inizio del Novecento coincide con il periodo della Belle époque, ovvero l'età del trionfo del di una società ricca e spensierata, ben rappresentata dall'immagine scintillante e moderna della Parigi del tempo. In realtà ciò rappresenta solamente l'aspetto superficiale di un'epoca caratterizzata da una serie di profondi e irreversibili cambiamenti. I sobri ottimistici ideali dell'Ottocento entrano definitivamente in crisi ed emergono correnti di pensiero irrazionali e anti scientifiche, che decretano la fine del positivismo, caratterizzato da una grande fiducia nel progresso inarrestabile dell'umanità. Alla completa demolizione delle certezze ottocentesche contribuisce anche la scienza. Freud, tra fine Ottocento e inizio Novecento, indaga le profondità dell'animo umano, gettando le basi di una nuova idea del comportamento degli individui. Einstein rielabora l'idea della relatività che modifica per sempre i concetti di spazio e tempo. Questo nuovo clima culturale e scientifico si riflette anche nel mondo dell'arte. Nel breve volgere di dieci anni si avvicendano numerose correnti artistiche, che si pongono in radicale rottura rispetto alla tradizione e danno vita alle celebri Avanguardie, decretando la nascita dell'arte moderna. Questa stagione è irrimediabilmente interrotta dallo scoppio della Prima Guerra mondiale, che segna un netto spartiacque anche in campo artistico. Dall'aspra critica dell'arte tradizionale, già condotta dai cubisti, dai futuristi e dagli espressionisti, si passa ai Ready Made di Duchamp e alle creazioni dei dadaisti di

Zurigo, che rivoluzionano il concetto stesso di arte.

Scatola in una valigia

Se tutto risiede nell'atto mentale dell'artista, se la creazione è concentrata nella capacità dell'artista di sintetizzare, fino all'osso, la realtà, ecco che arriviamo alla Scatola in una valigia. In una valigia sintetizzata vi è una miniaturizzazione dei suoi capolavori da portare, appunto, in valigia, perché non è l'oggetto che conta, in quanto questa è una valigia che contiene concetti. Sono concetti trasferiti nell'iconografia, in una immagine che sarà astratta o figurativa. Troviamo uno scolabottiglie, un altro Ready Made di Duchamp, abbiamo anche il Grande Vetro, troviamo il Nudo che scende le scale e, ancora, la pittura e l'anti-pittura. Abbiamo una sintesi spazio-temporale dell'universo poetico di Marcel Duchamp. Quello che è interessante è capire come l'arte può miniaturizzare il mondo, lo può ridurre in una dimensione microscopica, ma quello che è certo è che questa dimensione trova uno sviluppo attraverso la contemplazione dello spettatore. Duchamp è un artista anche performativo, in tal senso. L'artista gioca con l'intelligenza dello spettatore, gioca sulla identificazione dell'artefice con l'atto creativo e con l'oggetto creato. Dunque, ciò che è molto importante è capire come la Scatola in una valigia, che sintetizza iconograficamente l'opera di Duchamp, è anche il sintetizzatore di quella che è la sua poetica, ovvero lo spostamento della realtà da oggetto a concetto. Duchamp è quell'artista che ci ha fatto capire come il XX secolo è un'epoca che ha prodotto nuovi punti di vista e nuovi concetti.

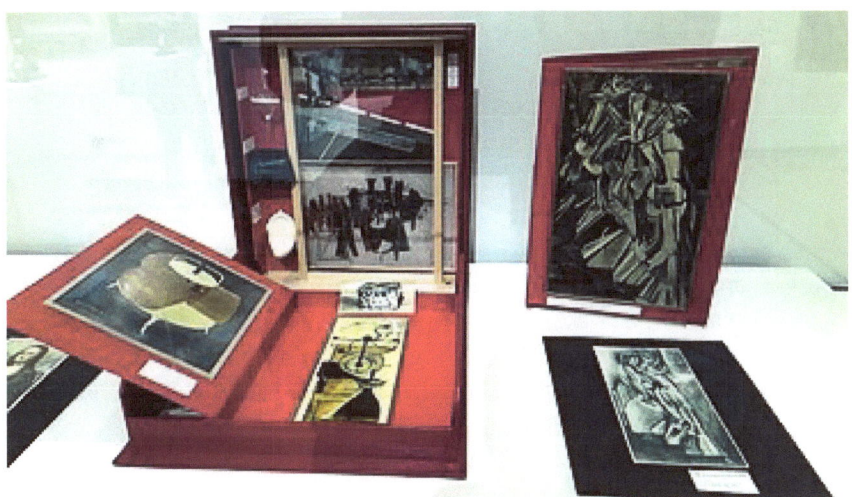

Duchamp, Scatola in valigia, 1941, Collezione
Peggy Guggenheim, Venezia.

L'opera è composta da una valigia in pelle
contenente copie in miniatura, riproduzioni a
colori e fotografie delle principali opere
dell'artista con aggiunte a matita, acquerello e
inchiostro; le riproduzioni sono sistemate
all'interno della valigetta in modo meticoloso
e funzionale: l'artista affrontò con attenzione i
problemi di tipo tecnico-esecutivo relativi
all'organizzazione degli spazi nella valigia,
incastrando oggetti e fogli fissi con altri
scorrevoli o mobili. L'idea dell'autore era
quella di costruire una sorta di album in cui
raccogliere le riproduzioni di tutte le sue opere
realizzate fino a quel momento; Duchamp
realizzò concretamente l'idea in maniera
nuova, rendendo il "catalogo" non cartaceo,
ma contenitore tridimensionale: il raccoglitore
delle riproduzioni delle sue opere diventa
quindi opera in sé.

L.H.O.O.Q

Io ho sempre pensato che l'arte progetta il passato. L'arte non è la profezia del futuro e nemmeno la documentazione del presente. Duchamp, direi che è il portatore sano di quest'affermazione per niente paradossale. Qui, Duchamp lavora sulla citazione, visto che azzera ogni procedimento pittorico, ogni manualità. La citazione significa lavorare sulla memoria. La memoria significa recuperare il recinto entro cui l'artista vive la memoria iconografica dell'arte. Duchamp recupera Leonardo da Vinci, quell'artista che disse che l'arte è cosa mentale. In questo caso Duchamp gioca in un piccolo gesto anarchico e mette i baffi alla Gioconda, proprio perché questa è l'icona dell'arte da museo. La Gioconda è l'oggetto di un pellegrinaggio ormai multiculturale e intercontinentale, ma già allora era l'immagine dell'arte italiana, l'immagine del Rinascimento, nonché l'apogeo dell'arte occidentale. La Gioconda che, sappiamo, è un'immagine che produce perplessità, vaghezza, ambiguità. A questo, Duchamp aggiunge i baffi per affermare, appunto, l'androginia dell'arte, vuole affermare che l'arte non è né maschile né femminile e inoltre, sempre per quel senso alchemico e per quella sua ironia esoterica che l'ha sempre accompagnato, attraverso le iniziali L.H.O.O.Q ci vuole dire "Lei ha il culo caldo" cioè rimanda, in qualche modo, all'identità di Leonardo da Vinci, che come sappiamo era omosessuale. Più che altro è la trasgressione di una idea di leggiadria, di purezza e di bellezza femminile, è il passaggio ad un linguaggio effrattivo a partire, invece, da quella che è l'icona, per eccellenza, di una bellezza custodita al Louvre. I baffetti della

Gioconda, dunque, costituiscono un completamento, un ampliamento dell'identità di Monna Lisa. Questo accade proprio perché Duchamp applica all'immagine, ancora una volta, il procedimento del Ready Made, ovvero l'icona riprodotta, come sappiamo, in milioni di copie, che perde sacralità. Dunque non è un gesto di teppismo, è, invece, il riconoscimento statistico di una immagine che da pura qualità è diventata quantità, ma lui, intercettando la quantità, la radicalizza, rendendola singolare con un gesto in cui convive la bellezza e una sana vena di volgarità o di erotismo fatto per sottintesi. L'opera può essere considerata un manifesto contro il conformismo. Dissacrando uno dei miti artistici più consolidati, Duchamp non intende negare l'arte di Leonardo ma onorarla, a modo suo, mettendo in ridicolo gli estimatori superficiali e ignoranti che apprezzano la Gioconda solo perché tutti dicono che è bella, conformandosi acriticamente così al gusto della maggioranza delle persone.

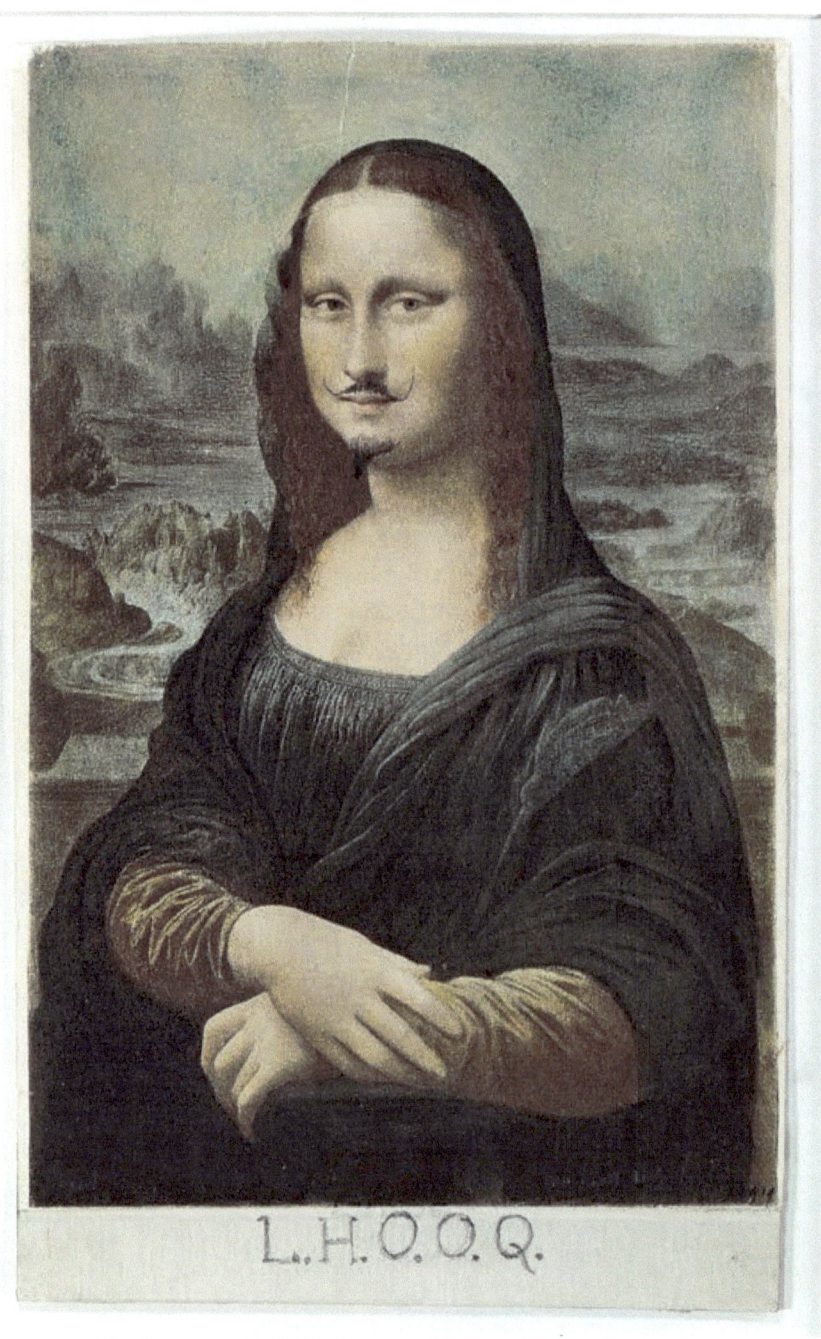

Duchamp, L.H.O.O.Q., 1919, New York, Collezione Privata.

Etant donnés

Duchamp a un certo punto diventa anche uno sfidante di Fischer, il più grande giocatore di scacchi di tutti i tempi. Duchamp era anche un grande giocatore di scacchi. Andava al Central Park di New York e giocava ogni giorno. Direi che fa parte della sua disciplina. Quella disciplina di chi ha rinunciato all'arte perché a un certo punto dichiara che lui non produce più arte, passando a tempo pieno alla vita. È una vita fatta di combattimento, ma allo stesso tempo è fatta di dichiarazioni che ci ricordano Freud, dove la negazione diventa denegazione. Duchamp aveva detto che aveva smesso di fare arte e invece Etant donnés è l'ultima opera che ci ha lasciato. Visibile, al museo di Philadelphia, è una porta consumata in cui esiste un foro da cui guardare ed ecco, dunque, che l'occhio sprofonda su un paesaggio, come un presepe, ma ancora una volta non c'è una sacralità in quanto in questa sorta di piccolo paesaggio, composto e illirico, vi è una donna nuda con le gambe spalancate. Ecco, dunque, la vagina esposta come una natura morta, proprio come il quadro di Courbet, l'origine del mondo. Quest'ultima è un'opera che Courbet realizzò per l'ambasciatore turco a Parigi e che serviva per gli ospiti maschili alle cene all'ambasciata. Ecco, dunque, che lo spettatore diventa un voyeur e Duchamp, che aveva denegato – direbbe Freud -, ci lascia l'ultima opera e conferma la condizione dello spettatore, che è quella di un voyeur, che è quella di chi sprofonda con l'occhio nell'immaginario dell'artista. L'immaginario dell'artista è composto anche di pulsioni, di sessualità, di erotismo e anche di ossessioni personali. Dunque, l'Etant donnés indica una condizione in cui c'è una sorta di affermazione di un'ottica dell'indifferenza di chi conosce anche quello che è il tempo della vita e che è anche consapevole che la vita è la morte al lavoro. Dunque, quest'opera è quella che, credo, voglia proprio indicare come Duchamp abbia capito che l'artista è un errore biologico rispetto all'immortalità che l'opera promette, ma che la vita non può mantenere. Dunque Marcel Duchamp ci lascia futura memoria, ci lascia questo spazio, ci lascia questa installazione in cui sprofondare con l'occhio e ci lascia un'opera che deve massaggiare il muscolo atrofizzato dello spettatore che vive una realtà in un quotidiano banale, per essere introdotto in una realtà polisensoriale, quasi multimediale. L'artista vi lavorò per circa venti anni fino a poco prima della sua morte senza parlarne mai a nessuno, in un periodo in cui anche i suoi amici più stretti erano convinti che egli avesse abbandonato l'arte; solo sua moglie Teeny era a conoscenza di tale realizzazione perché occupava un'intera stanza all'interno dello studio dell'artista. La scultrice Maria Martins, compagna di Duchamp dal 1946 al 1951 fu il modello per gran parte della figura femminile presente nell'opera, mentre la sua seconda moglie Alexina (Teeny) posò solo per il braccio.

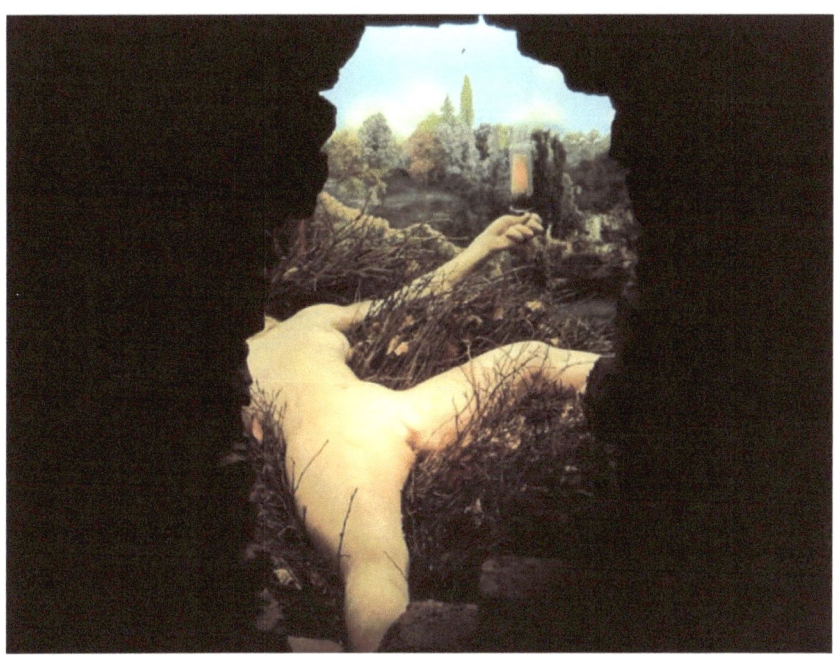

Duchamp, Etant donnés, 1969, Museo d'arte di Philadelphia.

Duchamp mentre gioca a scacchi

Si è parlato del silenzio di Marcel Duchamp nel suo passaggio dall'opera, dalla elaborazione, a un quotidiano dominato dal gioco e dalla sua passione per gli scacchi. Ecco, la delicata scacchiera di Marcel Duchamp. La scacchiera rappresenta lo spazio della battaglia mentale, è il luogo concentrato del confronto tra due intelligenze, ma quello che è interessante è che Duchamp, attraverso il gioco, perseguiva e teorizzava la patta. La patta è la condizione in cui non vi sono né vinti né vincitori, ecco, dunque, l'uso di una intelligenza alla ricerca della pace. È un uso di chi, sostanzialmente, aveva coscienza e conoscenza della vita. Duchamp ha lasciato scritto sulla sua tomba "D'altronde sono sempre gli altri che muoiono", infatti se noi andiamo in un cimitero consideriamo proprio "d'altronde sono sempre gli altri che muoiono". Dunque è come l'affermazione di una verità lampante e statistica che permette all'artista di dislocarsi, quando vuole, nell'opera e, quando vuole, nella vita, ma consapevole che l'artista vive vincolato, vive dentro un recinto che è quello del linguaggio. Dunque, anche il gioco degli scacchi diventa lo spazio esemplare di una creatività rarefatta, vaporizzata. Duchamp, sostanzialmente e filosoficamente, sente e vede la realtà intorno a sé come un Ready Made. È come se Duchamp sente intorno a sé la possibilità di poter citare il mondo e farlo diventare altro o di portarlo ad una familiarità con noi, sottraendolo alla sua estraneità iniziale, così noi confermiamo, attraverso questa sosta, l'idea, appunto, che, sostanzialmente, esiste una continuità, partendo dall'oggi, nel passato e questa idea è che l'arte è cosa mentale.

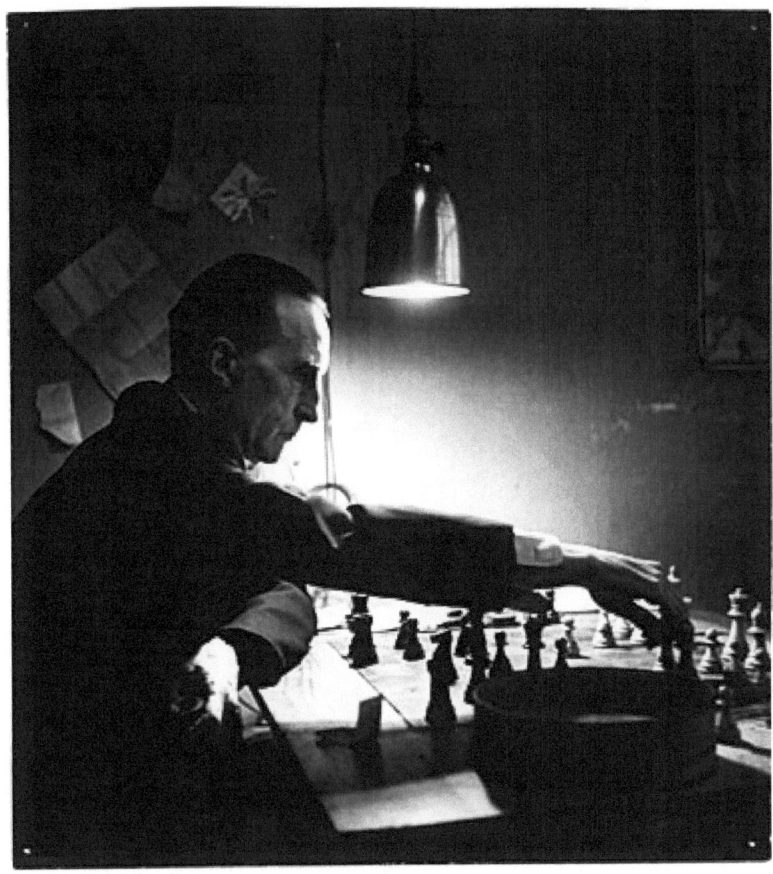

Duchamp mentre gioca a scacchi.

Biografia dell'autore

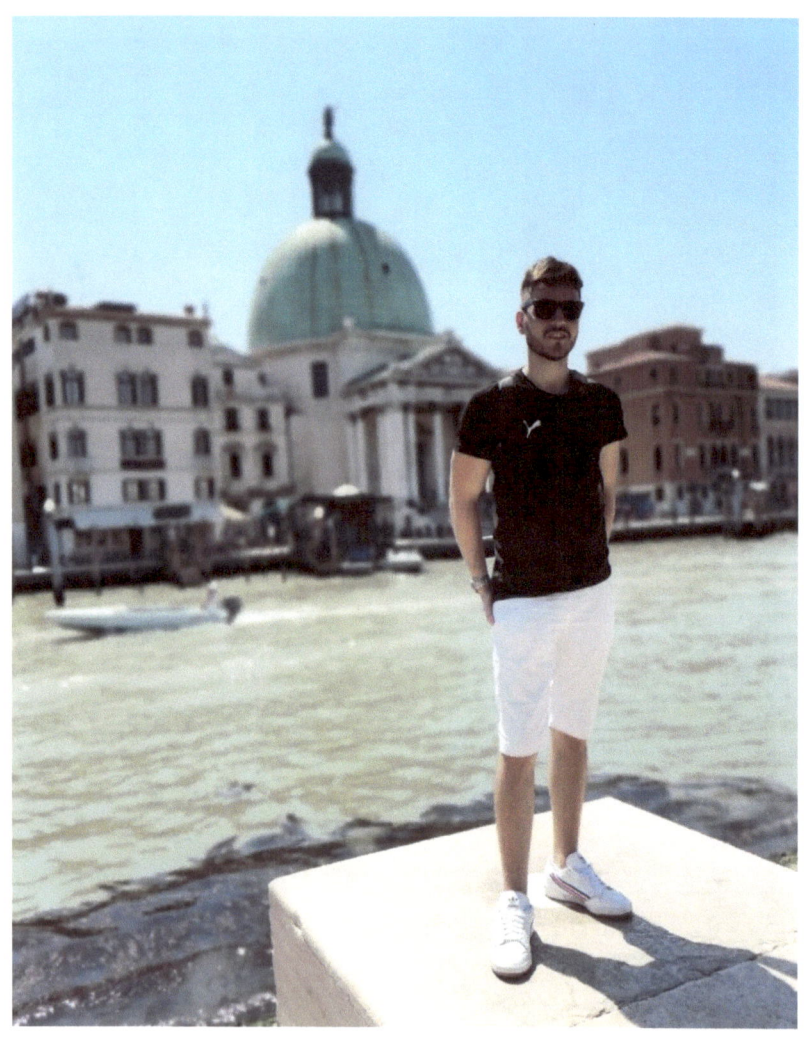

Nato a Gela (CL) il 25/03/1997, Dario Romano è laureato in Lingue e Culture Moderne all'università Kore di Enna ed è un esperto dell'arte ed amante della natura e delle materie umanistiche. Ha già scritto numerose collane e libri su periodi storici artistici e architettonici come il Rinascimento, il Barocco ed il Neoclassicismo e su artisti come Tiziano, Canova, Caravaggio, Velazquez, Canaletto, Tiepolo, Rembrandt, Rubens e tantissimi altri. Dario ha lavorato come guida su Leonardo da Vinci alla mostra "Leonardo ed il genio del volo" che si è tenuta presso il teatro Eschilo di Gela nel 2023, occupandosi del lato ingegneristico-architettonico del periodo storico del Rinascimento e delle figure di Vitruvio, Leonardo da Vinci e contemporanei. Alla passione per la lingua spagnola, la musica (compone e suona la chitarra elettrica per hobby) e i viaggi culturali in città d'arte ed in luoghi naturali, unisce quella della scrittura di libri di arte e di bellezze naturali. Dario è anche proprietario e fondatore del blog Arte Divulgata, uno spazio in cui si impegna a divulgare, criticare e analizzare l'arte, spesso anche in relazione ad altre forme d'arte come la letteratura e tante altre, attraverso dei confronti tra artisti.

www.ingramcontent.com/pod-product-compliance
Lightning Source LLC
Chambersburg PA
CBHW050923290526
45792CB00002B/866